Um pastor tem cem ovelhas que toda manhã leva para pastar.

Ele deixa, então, as noventa e nove ovelhas bem guardadas no redil...

... a ovelhinha perdida,

... coloca-a nos ombros...

Leia a parábola da ovelhinha perdida em Lucas, capítulo 15, versículos de 1 a 7.

Jesus é o bom pastor e nós somos as ovelhinhas. Toda vez que nos deixamos vencer pelas tentações, que fazemos coisas erradas, afastando-nos do caminho certo, agimos como a ovelhinha que se perdeu.

Jesus quer bem a cada um de nós, e mesmo quando erramos, ele vem nos procurar, perdoando-nos porque quer todos perto dele.

Vamos aprender brincando

Quando erramos, Jesus, o bom pastor, oferece a nós o seu...

Coloque nos quadradinhos azuis as letras correspondentes, seguindo a indicação dos fios, para formar a palavra.

Ajude o pastor a encontrar a ovelhinha perdida.

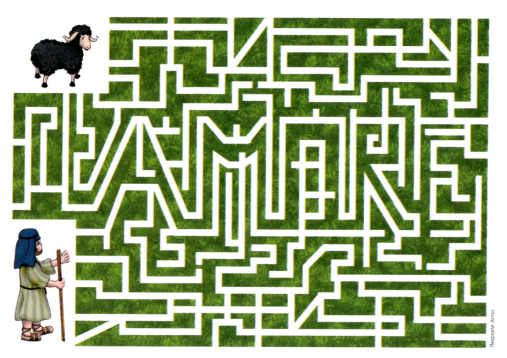

Com uma canetinha, entre no percurso branco e procure encontrar o caminho certo. Você vai descobrir uma palavra.

A palavra certa é _____

Qual é o sacramento que nos permite fazer as pazes com Jesus, quando nos afastamos dele?

Escreva os nomes das figuras, horizontalmente, nos números correspondentes. Você poderá ler a solução nos quadradinhos amarelos.

Resposta: 1) cachorro; 2) tocha; 3) sandália; 4) folha; 5) redil; 6) pássaros; 7) casa; 8) cajado; 9) pastor.